CUISINE DE LA CUISSON BASSE TEMPERATURE

2021

RECETTES RAPIDES ET ABORDABLES

PIERRE BLANC

Table des matières

3

4

Saucisse Douce & Raisins

Temps de préparation + cuisson : 1 heure 20 minutes | Portions : 4

Ingrédients

2 ½ tasses de raisins blancs sans pépins sans la tige

1 cuillère à soupe de romarin frais haché

2 cuillères à soupe de beurre

4 saucisses italiennes sucrées entières

2 cuillères à soupe de vinaigre balsamique

Sel et poivre noir au goût

les directions

Préparez un bain-marie et placez-y le Sous Vide. Réglez sur 160 F.

Placez les raisins, le romarin, le beurre et les saucisses dans un sac refermable sous vide. Libérez l'air par la méthode de déplacement d'eau, scellez et plongez le sac dans le bain-marie. Cuire pendant 60 minutes.

Une fois le minuteur arrêté, retirez les saucisses et transférez le jus de cuisson et les raisins dans une casserole à feu moyen. Verser le vinaigre balsamique et faire bouillir pendant 3 minutes. Assaisonnez avec du sel et du poivre. Chauffer une poêle à feu moyen et saisir les saucisses pendant 3-4 minutes. Servir avec la sauce et les raisins.

Côtes levées sucrées avec sauce soja à la mangue

Temps de préparation + cuisson : 36 heures 25 minutes | Portions : 4

Ingrédients

4 livres de côtes levées de porc

Sel et poivre noir au goût

1 tasse de jus de mangue

¼ tasse de sauce soja

3 cuillères à soupe de miel

1 cuillère à soupe de pâte d'ail chili

1 cuillère à soupe de gingembre moulu

2 cuillères à soupe d'huile de noix de coco

1 cuillère à café de poudre de cinq épices chinoises

1 cc de coriandre moulue

les directions

Préparez un bain-marie et placez-y le Sous Vide. Réglé à 146 F.

Assaisonner les côtes levées avec du sel et du poivre et les placer dans un sac hermétique sous vide. Libérez l'air par la méthode de déplacement d'eau, scellez et plongez le sac dans le bain-marie.

Cuire 36 heures. Une fois le chronomètre arrêté, retirez les côtes et séchez-les. Jeter les jus de cuisson.

Faites chauffer une casserole à feu moyen et faites bouillir le jus de mangue, la sauce soja, le chili, la pâte d'ail, le miel, le gingembre, l'huile de noix de coco, les cinq épices et la coriandre pendant 10 minutes jusqu'à réduction. Arroser les côtes levées de sauce. Transférer sur une plaque à pâtisserie et cuire 5 minutes au four à 390 F.

Côtelettes sucrées et courgettes aux amandes

Temps de préparation + cuisson : 3 heures 15 minutes | Portions : 2

Ingrédients

2 côtelettes de longe de porc

Sel et poivre noir au goût

3 cuillères à soupe d'huile d'olive

1 cuillère à soupe de jus de citron fraîchement pressé

2 cuillères à café de vinaigre de vin rouge

2 cuillères à café de miel

2 cuillères à soupe d'huile d'olive

2 courgettes moyennes, coupées en rubans

2 cuillères à soupe d'amandes grillées

les directions

Préparez un bain-marie et placez-y le Sous Vide. Réglez à 138 F. Placez le porc assaisonné dans un sac scellable sous vide. Ajouter 1 cuillère à soupe d'huile d'olive. Libérez l'air par la méthode de déplacement d'eau, scellez et plongez le sac dans le bain-marie. Cuire pendant 3 heures.

Mélangez le jus de citron, le miel, le vinaigre et 2 cuillères à soupe d'huile d'olive. Assaisonnez avec du sel et du poivre. Une fois le chronomètre arrêté, retirez le sac et jetez le jus de cuisson. Chauffer l'huile de riz dans une poêle à feu vif et saisir le porc 1 minute de chaque côté. Retirer du feu et laisser reposer 5 minutes.

Pour la salade, dans un bol, mélanger les courgettes avec le mélange de vinaigrette. Assaisonnez avec du sel et du poivre. Transférer le porc dans une assiette et servir avec les courgettes. Garnir d'amandes.

Côtelettes de porc avec sauté de poivrons et de maïs

Temps de préparation + cuisson : 1 heure 10 minutes | Portions : 4

Ingrédients

4 côtelettes de porc

1 petit poivron rouge, coupé en dés

1 petit oignon jaune, coupé en dés

2 tasses de grains de maïs surgelés

¼ tasse de coriandre

Sel et poivre noir au goût

1 cuillère à soupe de thym

4 cuillères à soupe d'huile végétale

les directions

Préparez un bain-marie et placez-y le Sous Vide. Réglez à 138 F. Saupoudrez le porc de sel et placez-le dans un sac refermable sous vide. Libérez l'air par la méthode de déplacement d'eau, scellez et plongez le sac dans un bain-marie. Cuire 1 heure.

Chauffer l'huile dans une poêle à feu moyen et faire revenir l'oignon, le poivron rouge et le maïs. Assaisonnez avec du sel et du poivre. Incorporer la coriandre et le thym. Mettre de côté. Une fois le minuteur arrêté, retirez le porc et transférez-le dans la poêle chaude. Saisir 1 minute de chaque côté. Servir le porc avec des légumes sautés.

Longe de porc crémeuse au cognac

Temps de préparation + cuisson : 4 heures 50 minutes | Portions : 4

Ingrédients

3 livres de rôti de longe de porc désossé

Sel au goût

2 oignons émincés

¼ tasse de cognac

1 tasse de lait

1 tasse de crème au fromage

les directions

Préparez un bain-marie et placez-y Sous Vide. Réglez à 146 F. Assaisonnez le porc avec du sel et du poivre. Chauffer une poêle à feu moyen et saisir le porc pendant 8 minutes. Mettre de côté. Incorporer l'oignon et cuire 5 minutes. Ajouter le cognac et cuire jusqu'à ébullition. Laisser refroidir 10 minutes.

Placer le porc, l'oignon, le lait et la crème dans un sac refermable sous vide. Libérez l'air par la méthode de déplacement d'eau, scellez et plongez dans le bain-marie. Cuire 4 heures. Une fois le chronomètre arrêté, retirez le porc. Réserver en gardant au chaud. Faites chauffer une casserole et versez le jus de cuisson. Remuer pendant 10 minutes jusqu'à ébullition. Assaisonnez avec du sel et du poivre. Couper le porc et garnir de sauce à la crème pour servir.

Jarrets de porc aux tomates et aux carottes

Temps de préparation + cuisson : 48 heures 30 minutes | Portions : 4

Ingrédients

2 jarrets de porc

1 boîte (14,5 onces) de tomates en dés avec du jus

1 tasse de bouillon de boeuf

1 tasse d'oignon finement émincé

½ tasse de bulbe de fenouil coupé en petits dés

½ tasse de carottes coupées en petits dés

Sel au goût

½ tasse de vin rouge

1 feuille de laurier

les directions

Préparez un bain-marie et placez-y le Sous Vide. Réglez à 149 F. Retirez la graisse du ventre des jarrets et placez-la dans un sac scellable sous vide. Ajouter les ingrédients restants Libérer l'air par la méthode de déplacement d'eau, sceller et plonger le sac dans le bain-marie. Cuire pendant 48 heures.

Une fois le chronomètre arrêté, retirez la tige et jetez la feuille de laurier. Réserver les jus de cuisson. Mettre le jarret dans une plaque à pâtisserie et faire griller pendant 5 minutes jusqu'à ce qu'il soit doré. Chauffer une casserole à feu moyen et incorporer le jus de cuisson. Cuire 10 minutes jusqu'à épaississement. Arroser le porc de sauce et servir.

Côtelette de porc avec sauce au café épicé

Temps de préparation + cuisson : 2 heures 50 minutes | Portions : 4

Ingrédients

4 côtelettes de porc avec os

1 cuillère à soupe de paprika en poudre

1 cuillère à soupe de café moulu

1 cuillère à soupe de sucre roux

1 cuillère à soupe de sel d'ail

1 cuillère à soupe d'huile d'olive

les directions

Préparez un bain-marie et placez-y le Sous Vide. Réglez à 146 F. Placez le porc dans un sac hermétique. Libérez l'air par la méthode de déplacement d'eau, scellez et plongez le sac dans un bain-marie. Cuire 2 heures et 30 minutes.

Pendant ce temps, préparez la sauce en mélangeant bien la poudre de paprika, le café moulu, la cassonade et le sel d'ail. Une fois la minuterie arrêtée, retirez le porc et séchez-le.

Arroser le porc de sauce. Chauffer l'huile dans une poêle à feu vif et saisir le porc 1 à 2 minutes de chaque côté. Laisser reposer 5 minutes. Couper le porc en tranches et servir.

Filet Épicé

Temps de préparation + cuisson : 3 heures 15 minutes | Portions : 4

jeingrédients

1 livre de filet de porc, paré
Sel au goût
½ cuillère à café de poivre noir
3 cuillères à soupe de pâte de piment

les directions

Préparez un bain-marie et placez-y le Sous Vide. Réglé à 146 F.

Mélangez le filet avec du sel et du poivre et placez-le dans un sac refermable sous vide. Libérez l'air par la méthode de déplacement d'eau, scellez et plongez le sac dans le bain-marie. Cuire pendant 3 heures.

Une fois le chronomètre arrêté, retirez le porc et badigeonnez-le de pâte de chili. Chauffer un grill à feu vif et saisir le filet mignon pendant 5 minutes jusqu'à ce qu'il soit doré. Autoriser le repos. Couper le filet mignon en tranches et servir.

Côtelettes de porc salées aux champignons

Temps de préparation + cuisson : 65 minutes | Portions : 2

Ingrédients

2 côtelettes de porc épaisses avec os

Sel et poivre noir au goût

2 cuillères à soupe de beurre, froid

4 oz de champignons sauvages mélangés

¼ tasse de xérès

½ tasse de bouillon de boeuf

1 cuillère à café de sauge

1 cuillère à soupe de marinade de bifteck

Ail haché pour la garniture

les directions

Préparez un bain-marie et placez-y le Sous Vide. Réglez sur 138 F.

Mélangez le porc avec du sel et du poivre et placez-le dans un sac refermable sous vide. Libérez l'air par la méthode de déplacement d'eau, scellez et plongez le sac dans le bain-marie. Cuire 45 minutes.

Une fois la minuterie arrêtée, retirez le porc et séchez-le. Jeter les jus de cuisson. Chauffer 1 cuillère à soupe de beurre dans une poêle à feu moyen et saisir le porc 1 minute de chaque côté. Transférer dans une assiette et réserver.

Dans la même poêle chaude, cuire les champignons 2-3 minutes. Incorporer le sherry, le bouillon, la sauge et la marinade pour steak jusqu'à ce que la sauce épaississe. Ajouter le reste du beurre et assaisonner de sel et de poivre; bien mélanger. Garnir le porc de sauce et garnir de ciboulette à l'ail pour servir.

Soupe à la pancetta et à la crème de maïs

Temps de préparation + cuisson : 1 heure 15 minutes | Portions : 4

Ingrédients

4 épis de maïs, grains coupés

4 cuillères à soupe de beurre

1 tasse de lait

1 feuille de laurier

Sel et poivre blanc au goût

4 tranches de pancetta cuite croustillante

2 cuillères à soupe de ciboulette ciselée

les directions

Préparez un bain-marie et placez-y le Sous Vide. Réglé sur 186 F.

Mélanger les grains de maïs, le lait, les épis de maïs, 1 cuillère à soupe de sel, 1 cuillère à soupe de poivre blanc et la feuille de laurier. Placer dans un sac refermable sous vide. Libérez l'air par la méthode de déplacement d'eau, scellez et plongez le sac dans le bain-marie. Cuire 1 heure.

Une fois le chronomètre arrêté, sortez le sac et retirez les épis de maïs et la feuille de laurier. Mettre le mélange dans un mixeur en mode purée pendant 1 minute. Si vous voulez une consistance différente, ajoutez du lait. Assaisonnez avec du sel et du poivre. Garnir de pancetta et de ciboulette pour servir.

Brochettes de porc au cumin et à l'ail

Temps de préparation + cuisson : 4 heures 20 minutes | Portions : 4

Ingrédients

1 livre d'épaule de porc désossée, coupée en cubes

Sel au goût

1 cuillère à soupe de muscade moulue

1 cuillère à soupe d'ail émincé

1 cuillère à café de cumin

1 cc de coriandre

1 cuillère à café d'ail en poudre

1 cuillère à café de cassonade

1 cuillère à café de poivre noir frais moulu

1 cuillère à soupe d'huile d'olive

les directions

Préparez un bain-marie et placez-y le Sous Vide. Réglez à 149 F. Badigeonnez le porc de sel, d'ail, de muscade, de cumin, de coriandre, de poivre et de cassonade et placez-le dans un sac scellable sous vide. Libérez l'air par la méthode de déplacement d'eau, scellez et plongez le sac dans le bain-marie. Cuire 4 heures.

Faites chauffer un gril à feu vif. Une fois la minuterie arrêtée, retirez le porc et transférez-le sur le gril. Saisir pendant 3 minutes jusqu'à ce qu'ils soient dorés.

Superbes côtelettes de porc avec glaçage balsamique

Temps de préparation + cuisson : 3 heures 20 minutes | Portions : 2

Ingrédients

2 côtelettes de porc

Sel et poivre noir au goût

1 cuillère à soupe d'huile d'olive

4 cuillères à soupe de vinaigre balsamique

2 cuillères à café de romarin frais, haché

les directions

Préparez un bain-marie et placez-y le Sous Vide. Réglé à 146 F.

Mélangez le porc avec du sel et du poivre et placez-le dans un sac refermable sous vide. Libérez l'air par la méthode de déplacement d'eau, scellez et plongez dans le bain-marie. Cuire pendant 3 heures. Une fois la minuterie arrêtée, retirez le porc et séchez-le.

Faites chauffer l'huile d'olive dans une poêle et faites revenir les côtelettes pendant 5 minutes jusqu'à ce qu'elles soient dorées. Ajouter le vinaigre balsamique et laisser mijoter. Répétez le processus pendant 1 minute. Assiette et garnir de sauce au romarin et balsamique.

Chou Rouge & Pommes de Terre avec Saucisse

Temps de préparation + cuisson : 2 heures 20 minutes | Portions : 4

Ingrédients

½ tête de chou rouge, tranché

1 pomme, coupée en petits dés

24 oz de pommes de terre rouges, coupées en quartiers

1 petit oignon, tranché

cc de sel de céleri

2 cuillères à soupe de vinaigre de cidre

2 cuillères à soupe de sucre roux

Poivre noir au goût

1 livre de saucisse de porc fumée précuite, tranchée

½ tasse de bouillon de poulet

2 cuillères à soupe de beurre

les directions

Préparez un bain-marie et placez-y le Sous Vide. Réglez à 186 F. Mélangez le chou, les pommes de terre, l'oignon, la pomme, le cidre, la cassonade, le poivre noir, le céleri et le sel.

Placer les saucisses et le mélange dans un sac refermable sous vide. Libérez l'air par la méthode de déplacement d'eau, scellez et plongez le sac dans le bain-marie. Cuire 2 heures.

Chauffer le beurre dans une casserole à feu moyen. Une fois le chronomètre arrêté, retirez le sac et transférez le contenu dans une casserole. Cuire jusqu'à évaporation du liquide. Ajouter le chou, l'oignon et les pommes de terre et cuire jusqu'à ce qu'ils soient dorés. Répartir le mélange dans des assiettes de service.

Longe de Porc aux Amandes

Temps de préparation + cuisson : 3 heures 20 minutes | Portions :
2

Ingrédients

3 cuillères à soupe d'huile d'olive

3 cuillères à soupe de moutarde

2 cuillères à soupe de miel

Sel et poivre noir au goût

2 côtelettes de longe de porc avec os

1 cuillère à soupe de jus de citron

2 cuillères à café de vinaigre de vin rouge

2 cuillères à soupe d'huile de canola

2 tasses de laitue mélangée

2 cuillères à soupe de tomates séchées tranchées finement

2 cuillères à café d'amandes grillées

les directions

Préparez un bain-marie et placez-y le Sous Vide. Réglez sur 138 F.

Mélanger 1 cuillère à soupe d'huile d'olive, 1 cuillère à soupe de miel et 1 cuillère à soupe de moutarde et assaisonner de sel et de poivre. Badigeonner la longe avec le mélange. Placer dans un sac refermable sous vide. Libérez l'air par la méthode de déplacement d'eau, scellez et plongez le sac dans le bain-marie. Cuire pendant 3 heures.

Pendant ce temps, préparez la vinaigrette en mélangeant le jus de citron, le vinaigre, 2 cuillères à soupe d'huile d'olive, 2 cuillères à soupe de moutarde et le miel restant. Assaisonnez avec du sel et du poivre. Une fois le chronomètre arrêté, retirez la longe. Jeter les jus de cuisson. Chauffer l'huile de canola dans une poêle à feu vif et saisir la longe 30 secondes de chaque côté. Laisser reposer 5 minutes.

Pour la salade, mélanger dans un bol la laitue, les tomates séchées et les amandes. Incorporer les 3/4 de la vinaigrette Top longe avec la vinaigrette et servir avec la salade.

Porc agréable à la salsa verde

Temps de préparation + cuisson : 24 heures 25 minutes | Portions : 8)

Ingrédients

2 livres d'épaule de porc désossée, coupée en cubes

Sel au goût

1 cuillère à soupe de cumin moulu

1 cuillère à café de poivre noir frais moulu

1 cuillère à soupe d'huile d'olive

1 livre de tomatilles

3 piments poblano, épépinés finement et coupés en dés

½ oignon blanc émincé finement

1 serrano épépiné et coupé en dés

3 gousses d'ail écrasées

1 bouquet de coriandre hachée grossièrement

1 tasse de bouillon de poulet

½ tasse de jus de citron vert

1 cuillère à soupe d'origan

les directions

Préparez un bain-marie et placez-y le Sous Vide. Réglez à 149 F. Assaisonnez le porc avec du sel, du cumin et du poivre. Chauffer l'huile dans une poêle à feu vif et saisir le porc pendant 5 à 7 minutes. Mettre de côté. Dans la même poêle, cuire les tomatilles, le poblano, l'oignon, le serrano et l'ail pendant 5 minutes. Transférer dans un robot culinaire et ajouter la coriandre, le jus de lime, le bouillon de poulet et l'origan. Mélanger pendant 1 minute.

Placer le porc et la sauce dans un sac refermable sous vide. Libérez l'air par la méthode de déplacement d'eau, scellez et plongez le sac dans le bain-marie. Cuire pendant 24 heures. Une fois le chronomètre arrêté, retirez le sac et transférez-le dans des bols de service. Saupoudrez de sel et de poivre. Servir avec du riz.

Côtes de porc épicées à la noix de coco

Temps de préparation + cuisson : 8 heures 30 minutes | Portions : 4

Ingrédients

1/3 tasse de lait de coco

2 cuillères à soupe de beurre de coco

2 cuillères à soupe de sauce soja

2 cuillères à soupe de sucre roux

2 cuillères à soupe de vin blanc sec

1 tige de citronnelle, hachée finement

1 cuillère à soupe de sauce Sriracha

1 cuillère à soupe de gingembre frais, râpé

2 gousses d'ail, tranchées

2 cuillères à café d'huile de sésame

1 livre de côtes de porc désossées

Coriandre fraîche hachée

Riz basmati cuit pour servir

les directions

Préparez un bain-marie et placez-y le Sous Vide. Réglez sur 134 F.

Dans un robot culinaire, mélanger le lait de coco, le beurre de coco, la sauce soja, la cassonade, le vin, la citronnelle, le gingembre, la sauce sriracha, l'ail et l'huile de sésame, jusqu'à consistance lisse.

Placer les côtes et badigeonner avec le mélange dans un sac refermable sous vide. Libérez l'air par la méthode de déplacement d'eau, scellez et plongez le sac dans le bain-marie. Cuire pendant 8 heures.

Une fois le chronomètre arrêté, retirez les côtes et transférez-les dans une assiette. Faites chauffer une casserole à feu moyen et versez-y le jus de cuisson. Cuire 10-15 minutes pour mijoter. Ajouter les côtes dans la sauce et bien mélanger. Cuire 5 minutes. Garnir de coriandre et servir avec du riz.

Côtes levées barbecue juteuses

Temps de préparation + cuisson : 16 heures 50 minutes | Portions : 5

Ingrédients

4 livres de côtes levées de dos de porc

3 ½ tasses de sauce barbecue

⅓ tasse de purée de tomates

4 oignons verts, hachés

2 cuillères à soupe de persil frais, haché

les directions

Préparez un bain-marie et placez-y le Sous Vide. Réglez sur 162 F.

Placez les côtes séparées dans un sac scellable sous vide avec 3 tasses de sauce barbecue. Libérez l'air par la méthode de déplacement d'eau, scellez et plongez le sac dans le bain-marie. Cuire 16 heures.

Dans un bol, mélanger le reste de la sauce BBQ et la purée de tomates. Réserver au réfrigérateur.

Une fois le chronomètre arrêté, retirez les côtes et séchez-les avec un torchon. Jeter les jus de cuisson.

Préchauffer le four à 300 F. Badigeonner les côtes levées avec la sauce BBQ des deux côtés et transférer au four. Cuire au four pendant 10 minutes. Badigeonner à nouveau de sauce et cuire encore 30 minutes. Garnir d'oignons verts et de persil et servir.

Filets de porc à l'ail

Temps de préparation + cuisson : 2 heures 8 minutes | Portions : 3

Ingrédients:

1 livre de filet de porc

1 tasse de bouillon de légumes

2 gousses d'ail, hachées

1 cuillère à café d'ail en poudre

3 cc d'huile d'olive

Sel et poivre noir au goût

Les directions:

Préparez un bain-marie, placez-y Sous Vide et réglez à 136 F.

Rincez bien la viande et séchez-la avec du papier absorbant. Frotter avec de la poudre d'ail, du sel et du poivre noir. Placer dans un grand sac refermable sous vide avec le bouillon et l'ail émincé. Fermez le sac et plongez-le dans le bain-marie. Cuire 2 heures. Retirez le filet du sac et séchez-le avec une serviette en papier.

Chauffer l'huile dans une grande poêle. Faire revenir le filet 2-3 minutes de chaque côté. Trancher le porc, disposer sur une assiette, puis verser le jus de cuisson sur le dessus. Servir.

Filet de porc salé au thym et à l'ail

Temps de préparation + cuisson : 2 heures 25 minutes | Portions : 8

Ingrédients

2 cuillères à soupe de beurre

1 cuillère à soupe d'oignon en poudre

1 cuillère à soupe de cumin moulu

1 cuillère à soupe de coriandre

1 cuillère à soupe de romarin séché

Sel au goût

1 filet de porc (3 livres), sans peau

1 cuillère à soupe d'huile d'olive

les directions

Préparez un bain-marie et placez-y le Sous Vide. Réglez à 140 F.

Mélanger la poudre d'oignon, le cumin, la poudre d'ail, le romarin et le sel de citron vert. Badigeonner le porc d'abord avec de l'huile d'olive et du sel, puis avec le mélange d'oignons.

Placer dans un sac refermable sous vide. Libérez l'air par la méthode de déplacement d'eau, scellez et plongez le sac dans le bain-marie. Cuire 2 heures.

Une fois le chronomètre arrêté, retirez le porc et séchez-le avec un torchon. Jeter les jus de cuisson. Chauffer le beurre dans une poêle à feu vif et saisir le porc pendant 3 à 4 minutes jusqu'à ce qu'il soit doré de tous les côtés. Laisser refroidir 5 minutes et couper en médaillons.

Côtelettes de porc à la sauce aux champignons

Temps de préparation + cuisson : 1 heure 10 minutes | Portions : 3

Ingrédients:

3 (8 oz) côtelettes de porc

Sel et poivre noir au goût

3 cuillères à soupe de beurre non salé

6 onces de champignons

½ tasse de bouillon de boeuf

2 cuillères à soupe de sauce Worcestershire

3 cuillères à soupe de ciboulette à l'ail, hachée pour la garniture

Les directions:

Faites un bain-marie, placez-y le Sous Vide et réglez à 140 F. Frottez les côtelettes de porc avec du sel et du poivre et placez-les dans un sac hermétique. Libérez l'air par la méthode de déplacement d'eau, scellez et plongez le sac dans le bain-marie. Réglez la minuterie sur 55 minutes.

Une fois le chronomètre arrêté, retirez et ouvrez le sac. Retirez le porc et séchez-le à l'aide d'un essuie-tout. Jeter les jus. Placez une poêle sur feu moyen et ajoutez 1 cuillère à soupe de beurre. Saisir le porc 2 minutes des deux côtés. Mettre de côté. Avec la poêle encore sur le feu, ajouter les champignons et cuire 5 minutes. Éteignez le feu, ajoutez le reste du beurre et remuez jusqu'à ce que le beurre fonde. Assaisonner de poivre et de sel. Servir les côtelettes de porc avec la sauce aux champignons dessus.

Saucisses aux pommes sucrées

Temps de préparation + cuisson : 55 minutes | Portions : 4

Ingrédients

cc d'huile d'olive

4 saucisses italiennes

4 cuillères à soupe de jus de pomme

les directions

Préparez un bain-marie et placez-y le Sous Vide. Réglez sur 162 F.

Placer les saucisses et 1 cuillère à soupe de cidre par saucisse dans un sac refermable sous vide. Libérez l'air par la méthode de déplacement d'eau, scellez et plongez le sac dans un bain-marie. Cuire 45 minutes.

Chauffer l'huile dans une poêle à feu moyen. Une fois le minuteur arrêté, retirez les saucisses et transférez-les dans la poêle et faites cuire pendant 3 à 4 minutes, jusqu'à ce qu'elles soient dorées.

Tacos de porc à l'orange douce

Temps de préparation + cuisson : 7 heures 10 minutes | Portions : 8

Ingrédients

½ tasse de jus d'orange

4 cuillères à soupe de miel

2 cuillères à soupe d'ail frais, émincé

2 cuillères à soupe de gingembre frais, émincé

2 cuillères à soupe de sauce Worcestershire

2 cuillères à café de sauce hoisin

2 cuillères à café de sauce sriracha

Zeste de ½ orange

1 livre d'épaule de porc

8 tortillas de farine, réchauffées

½ tasse de coriandre fraîche hachée

1 citron vert, coupé en quartiers

les directions

Préparez un bain-marie et placez-y le Sous Vide. Réglez sur 175 F.

Bien mélanger le jus d'orange, 3 cuillères à soupe de miel, l'ail, le gingembre, la sauce Worcestershire, la sauce hoisin, la sriracha et le zeste d'orange.

Placer le porc dans un sac scellable sous vide et ajouter la sauce à l'orange. Libérez l'air par la méthode de déplacement d'eau, scellez et plongez le sac dans le bain-marie. Cuire 7 heures.

Une fois le minuteur arrêté, retirez le porc et transférez-le sur une plaque à pâtisserie. Réserver les jus de cuisson.

Faites chauffer une casserole à feu moyen et versez-y le jus avec le miel restant. Cuire 5 minutes jusqu'à ce qu'il bouillonne et réduise de moitié. Badigeonner le porc de sauce. Remplir les tortillas avec le porc. Garnir de coriandre et garnir du reste de la sauce pour servir.

Carnitas de porc à la mexicaine avec salsa roja

Temps de préparation + cuisson : 49 heures 40 minutes | Portions : 8

Ingrédients

3 cuillères à soupe d'huile d'olive

2 cuillères à soupe de flocons de piment rouge

Sel au goût

2 cuillères à café de poudre de chili mexicain fort

2 cuillères à café d'origan séché

½ cuillère à café de cannelle moulue

2¼ livres d'épaule de porc désossée

4 petites tomates mûres, coupées en dés

¼ d'oignon rouge, coupé en dés

¼ tasse de feuilles de coriandre, hachées

Jus de citron fraîchement pressé

8 tortillas de maïs

les directions

Mélangez bien les flocons de piment rouge, le sel kasher, la poudre de chili mexicain, l'origan et la cannelle. Badigeonner le mélange de chili sur le porc et couvrir de papier d'aluminium. Laisser refroidir 1 heure.

Préparez un bain-marie et placez-y Sous Vide. Réglez à 159 F. Placez le porc dans un sac hermétique. Libérez l'air par la méthode de déplacement d'eau, scellez et plongez dans le bain-marie. Cuire pendant 48 heures. 15 minutes Avant la fin, mélanger les tomates, l'oignon et la coriandre. Ajouter le jus de citron et le sel.

Une fois le chronomètre arrêté, retirez le sac et transférez le porc sur une planche à découper. Jeter les jus de cuisson. Tirez la viande jusqu'à ce qu'elle soit effilochée. Faites chauffer l'huile végétale dans une poêle à feu moyen et faites cuire le porc effiloché jusqu'à ce qu'il devienne croustillant et croustillant. Remplissez la tortilla de porc. Garnir de salsa roja et servir.

Tacos au poulet chili et au chorizo avec du fromage

Temps de préparation + cuisson : 3 heures 25 minutes | Portions : 8

Ingrédients

2 saucisses de porc, moulages retirés

1 piment poblano, épépiné et épépiné

½ piment jalapeño, équeuté et épépiné

4 oignons verts, hachés

1 bouquet de feuilles de coriandre fraîche

½ tasse de persil frais haché

3 gousses d'ail

2 cuillères à soupe de jus de citron vert

1 cuillère à café de sel

cc de coriandre moulue

cuillère à café de cumin moulu

4 poitrines de poulet désossées et sans peau, tranchées

1 cuillère à soupe d'huile végétale

½ oignon jaune, tranché finement

8 coquilles de tacos au maïs

3 cuillères à soupe de provolone

1 tomate

1 laitue iceberg, râpée

les directions

Mettez la ½ tasse d'eau, le piment poblano, le piment jalapeño, les oignons verts, la coriandre, le persil, l'ail, le jus de citron vert, le sel, la coriandre et le cumin dans un mélangeur et mélangez jusqu'à consistance lisse. Placer les lanières de poulet et le mélange de poivrons dans un sac refermable sous vide. Transférer au réfrigérateur et laisser refroidir pendant 1 heure.

Préparez un bain-marie et placez-y Sous Vide. Réglez à 141 F. Placez le mélange de poulet dans le bain. Cuire 1h30.

Faire chauffer l'huile dans une poêle à feu moyen et y faire revenir l'oignon pendant 3 minutes. Ajouter le chorizo et cuire 5 à 7 minutes. Une fois le chronomètre arrêté, retirez le poulet. Jeter les jus de cuisson. Ajouter le poulet et bien mélanger. Remplir les tortillas du mélange poulet-chorizo. Garnir de fromage, de tomate et de laitue. Servir.

Poulet aux Légumes

Temps de préparation + cuisson : 2 heures 15 minutes | Portions :
2

Ingrédients:

1 livre de poitrines de poulet, désossées et sans peau

1 tasse de poivron rouge, tranché

1 tasse de poivron vert, tranché

1 tasse de courgettes, tranchées

½ tasse d'oignon, haché finement

1 tasse de fleurons de chou-fleur

½ tasse de jus de citron fraîchement pressé

½ tasse de bouillon de poulet

½ cuillère à café de gingembre moulu

1 cuillère à café de sel rose de l'Himalaya

Les directions:

Dans un bol, mélanger le jus de citron avec le bouillon de poulet, le gingembre et le sel. Bien mélanger et ajouter les légumes coupés en tranches. Mettre de côté. Bien rincer la poitrine de poulet sous l'eau froide courante. À l'aide d'un couteau d'office bien aiguisé, coupez la viande en morceaux de la taille d'une bouchée.

Mélanger avec les autres ingrédients et bien mélanger. Transférer dans un grand sac scellable sous vide et sceller. Cuire en Sous Vide pendant 2 heures à 167 F. Servir immédiatement.

Poulet facile aux épices et au miel

Temps de préparation + cuisson : 1h45 | Portions : 4

Ingrédients

8 cuillères à soupe de beurre

8 gousses d'ail, hachées

6 cuillères à soupe de sauce chili

1 cuillère à café de cumin

4 cuillères à soupe de miel

Jus de 1 citron vert

Sel et poivre noir au goût

4 poitrines de poulet désossées et sans peau

les directions

Préparez un bain-marie et placez-y le Sous Vide. Réglez sur 141 F.

Faites chauffer une casserole à feu moyen et mettez le beurre, l'ail, le cumin, la sauce chili, le sucre, le jus de citron vert, et une pincée de sel et de poivre. Cuire 5 minutes. Réserver et laisser refroidir.

Mélanger le poulet avec du sel et du poivre et le placer dans 4 sachets sous vide avec la marinade. Libérez l'air par la méthode de déplacement d'eau, scellez et plongez les sacs dans le bain-marie. Cuire 1h30.

Une fois le chronomètre arrêté, retirez le poulet et séchez-le avec un torchon. Réserver la moitié des jus de cuisson de chaque sachet et transférer dans une casserole à feu moyen. Cuire jusqu'à ce que la sauce mijote, puis mettre le poulet à l'intérieur et cuire pendant 4 minutes. Retirer le poulet et le couper en tranches. Servir avec du riz.

Poulet Cordon Bleu Classique

Préparation + Temps de cuisson : 1 heure 50 minutes + Temps de refroidissement | Portions : 4

Ingrédients

½ tasse de beurre

4 poitrines de poulet désossées et sans peau

Sel et poivre noir au goût

1 cuillère à café de poivre de cayenne

4 gousses d'ail, hachées

8 tranches de jambon

8 tranches d'Emmental

les directions

Préparez un bain-marie et placez-y le Sous Vide. Réglez à 141 F. Assaisonnez le poulet avec du sel et du poivre. Couvrir d'une pellicule plastique et rouler. Réserver et laisser refroidir.

Faites chauffer une casserole à feu moyen et ajoutez du poivre noir, du poivre de Cayenne, 1/4 tasse de beurre et de l'ail. Cuire jusqu'à ce que le beurre fonde. Transférer dans un bol.

Frotter le poulet d'un côté avec le mélange de beurre. Placer ensuite 2 tranches de jambon et 2 tranches de fromage et couvrir. Rouler chaque poitrine avec une pellicule plastique et transférer au réfrigérateur pendant 2-3 heures ou au congélateur pendant 20-30 minutes.

Placer le sein dans deux sachets scellables sous vide. Libérez l'air par la méthode de déplacement d'eau, scellez et plongez les sacs dans le bain-marie. Cuire 1h30.

Une fois le chronomètre arrêté, retirez les seins et enlevez le plastique. Chauffer le reste du beurre dans une poêle à feu moyen et saisir le poulet 1 à 2 minutes de chaque côté.

Poulet Frit Maison Croquant

Temps de préparation + cuisson : 3 heures 20 minutes | Portions : 8)

Ingrédients

½ cuillère à soupe de basilic séché

2¼ tasses de crème sure

8 pilons de poulet

Sel et poivre blanc au goût

½ tasse d'huile végétale

3 tasses de farine

2 cuillères à soupe d'ail en poudre

1 ½ cuillère à soupe de poudre de piment rouge de Cayenne

1 cuillère à soupe de moutarde séchée

les directions

Préparez un bain-marie et placez-y le Sous Vide. Réglez à 156 F. Assaisonnez le sel de poulet et placez-le dans un sac scellable sous vide. Libérez l'air par la méthode de déplacement d'eau, scellez et plongez dans le bain-marie. Cuire pendant 3 heures. Une fois le chronomètre arrêté, retirez le poulet et séchez-le avec un torchon.

Mélanger le sel, la farine, la poudre d'ail, le poivre blanc, la poudre de piment de Cayenne, la moutarde, le poivre blanc et le basilic dans un bol. Placer la crème sure dans un autre bol.

Tremper le poulet dans le mélange de farine, puis dans la crème sure et à nouveau dans le mélange de farine. Chauffer l'huile dans une poêle à feu moyen. Placer dans les pilons et cuire pendant 3-4 minutes jusqu'à ce qu'ils soient croustillants. Servir.

Poitrines de poulet épicées

Temps de préparation + cuisson : 1 heure 40 minutes | Portions : 4

Ingrédients

½ tasse de sauce chili

2 cuillères à soupe de beurre

1 cuillère à soupe de vinaigre blanc

1 cuillère à soupe de vinaigre de champagne

4 poitrines de poulet, coupées en deux

Sel et poivre noir au goût

les directions

Préparez un bain-marie et placez-y le Sous Vide. Réglez sur 141 F.

Faites chauffer une casserole à feu moyen et mélangez la sauce chili, 1 cuillère à soupe de beurre et le vinaigre. Cuire jusqu'à ce que le beurre soit fondu. Mettre de côté.

Assaisonnez le poulet avec du sel et du poivre et placez-le dans deux sacs scellables sous vide avec le mélange de chili. Libérez l'air par la méthode de déplacement d'eau, scellez et plongez les sacs dans le bain-marie. Cuire 1h30.

Une fois le minuteur arrêté, retirez le poulet et transférez-le sur une plaque à pâtisserie. Jeter les jus de cuisson. Chauffer le reste du beurre dans une poêle à feu vif et saisir le poulet 1 minute de chaque côté. Couper en rayures. Servir avec de la salade.

Wraps salés de laitue avec poulet au gingembre et au chili

Temps de préparation + cuisson : 1h45 | Portions : 5

Ingrédients

½ tasse de sauce hoisin

½ tasse de sauce chili douce

3 cuillères à soupe de sauce soja

2 cuillères à soupe de gingembre râpé

2 cuillères à soupe de gingembre moulu

1 cuillère à soupe de sucre roux

2 gousses d'ail, hachées

Jus de 1 citron vert

4 poitrines de poulet, coupées en cubes

Sel et poivre noir au goût

12 feuilles de laitue, rincées

⅛ tasse de graines de pavot

4 ciboulette

les directions

Préparez un bain-marie et placez-y Sous Vide. Réglez à 141 F. Mélangez la sauce chili, le gingembre, la sauce soja, la cassonade, l'ail et la moitié du jus de citron vert. Faites chauffer une casserole à feu moyen et versez-y le mélange. Cuire 5 minutes. Mettre de côté.

Assaisonner les poitrines de sel et de poivre. Placez-les en une couche uniforme dans un sac scellable sous vide avec le mélange de sauce chili. Libérez l'air par la méthode de déplacement d'eau, scellez et plongez le sac dans le bain-marie. Cuire 1h30.

Une fois le chronomètre arrêté, retirez le poulet et séchez-le avec un torchon. Jeter les jus de cuisson. Mélanger la sauce hoisin avec les cubes de poulet et bien mélanger. Faites des tas de 6 feuilles de laitue.

Partager le poulet parmi les feuilles de laitue et garnir de graines de pavot et de ciboulette avant de l'emballer.

Poitrines de poulet aromatiques au citron

Temps de préparation + cuisson : 1 heure 50 minutes | Portions : 4

Ingrédients

3 cuillères à soupe de beurre

4 poitrines de poulet désossées et sans peau

Sel et poivre noir au goût

Zeste et jus d'1 citron

¼ tasse de crème épaisse

2 cuillères à soupe de bouillon de poulet

1 cuillère à soupe de feuilles de sauge fraîche hachées

1 cuillère à soupe d'huile d'olive

3 gousses d'ail, hachées

1/4 tasse d'oignons rouges, hachés

1 gros citron, tranché finement

les directions

Préparez un bain-marie et placez-y le Sous Vide. Réglez à 141 F. Assaisonnez la poitrine de sel et de poivre.

Faites chauffer une casserole à feu moyen et mélangez le jus et le zeste de citron, la crème épaisse, 2 cuillères à soupe de beurre, le bouillon de poulet, la sauge, l'huile d'olive, l'ail et les oignons rouges. Cuire jusqu'à ce que le beurre soit fondu. Placer les poitrines dans 2 sachets scellables sous vide avec le mélange citron-beurre. Ajouter les tranches de citron. Libérez l'air par la méthode de déplacement d'eau, scellez et plongez les sacs dans le bain. Cuire pendant 90 minutes.

Une fois le chronomètre arrêté, retirez les poitrines et séchez-les avec un torchon. Jeter les jus de cuisson. Faire chauffer le reste du beurre dans une poêle et saisir les poitrines 1 minute de chaque côté. Couper les poitrines en lanières. Servir avec du riz.

Poulet à la moutarde et à l'ail

Temps de préparation + cuisson : 60 minutes | Portions : 5

Ingrédients:

17 onces de poitrines de poulet

1 cuillère à soupe de moutarde de Dijon

2 cuillères à soupe de moutarde en poudre

2 cc de sauce tomate

3 cuillères à soupe de beurre

1 cuillère à café de sel

3 cuillères à café d'ail émincé

¼ tasse de sauce soja

Les directions:

Préparez un bain-marie et placez-y le Sous Vide. Réglez à 150 F. Placez tous les ingrédients dans un sac scellable sous vide et secouez pour combiner. Libérez l'air par la méthode de déplacement d'eau, scellez et plongez le sac dans un bain-marie. Réglez la minuterie sur 50 minutes. Une fois le chronomètre arrêté, retirez le poulet et tranchez-le. Servir chaud.

Poulet entier

Temps de préparation + cuisson : 6 heures 40 minutes | Portions :
6

Ingrédients:

1 poulet entier moyen

3 gousses d'ail

3 onces de branche de céleri hachée

3 cuillères à soupe de moutarde

Sel et poivre noir au goût

1 cuillère à soupe de beurre

Les directions:

Préparez un bain-marie et placez-y le Sous Vide. Réglez à 150 F.
Combinez tous les ingrédients dans un sac scellable sous vide.
Libérez l'air par la méthode de déplacement d'eau, scellez et
plongez le sac dans le bain. Réglez la minuterie sur 6 heures et 30
minutes. Une fois cuit, laissez le poulet refroidir légèrement avant
de le découper.

Délicieuses ailes de poulet avec sauce Buffalo

Temps de préparation + cuisson : 3 heures | Portions : 3

Ingrédients

3 livres d'ailes de poulet chapon

2½ tasses de sauce de buffle

1 bouquet de persil frais

les directions

Préparez un bain-marie et placez-y le Sous Vide. Réglez sur 148 F.

Mélanger les ailes de chapon avec du sel et du poivre. Placez-le dans un sac scellable sous vide avec 2 tasses de sauce Buffalo. Libérez l'air par la méthode de déplacement d'eau, scellez et plongez le sac dans le bain-marie. Cuire 2 heures. Chauffer le four à gril.

Une fois le chronomètre arrêté, retirez les ailes et transférez-les dans un bol. Verser le reste de sauce Buffalo et bien mélanger. Transférer les ailes sur une plaque à pâtisserie avec du papier d'aluminium et couvrir avec le reste de la sauce. Enfournez 10 minutes en retournant au moins une fois. Garnir de persil.

Cuisses de poulet délicieuses avec sauce au citron vert

Temps de préparation + cuisson : 14 heures 30 minutes | Portions : 8

Ingrédients

¼ tasse d'huile d'olive

12 cuisses de poulet

4 poivrons rouges, hachés

6 oignons nouveaux, hachés

4 gousses d'ail, hachées

1 oz de gingembre frais, haché

½ tasse de sauce Worcestershire

¼ tasse de jus de citron vert

2 cuillères à soupe de zeste de citron vert

2 cuillères à soupe de sucre

2 cuillères à soupe de feuilles de thym frais

1 cuillère à soupe de piment

Sel et poivre noir au goût

1 cuillère à café de muscade moulue

les directions

Mettez dans un robot culinaire les poivrons, les oignons, l'ail, le gingembre, la sauce Worcestershire, l'huile d'olive, le jus et le zeste de citron vert, le sucre, le thym, le piment de la Jamaïque, le sel, le poivre noir et la muscade. et mélanger. Réserver 1/4 tasse de sauce.

Placer le poulet et la sauce au citron vert dans un sac refermable sous vide. Libérer l'air par la méthode de déplacement d'eau. Transférer au réfrigérateur et laisser mariner pendant 12 heures.

Préparez un bain-marie et placez-y le Sous Vide. Réglez sur 152 F. Fermez et plongez le sac dans le bain-marie. Cuire 2 heures. Une fois le chronomètre arrêté, retirez le poulet et séchez-le avec un torchon. Jeter les jus de cuisson. Badigeonner le poulet de la sauce au citron vert réservée. Chauffer une poêle à feu vif et saisir le poulet 30 secondes de chaque côté.

Poitrines de poulet à la sauce cajun

Temps de préparation + cuisson : 1 heure 55 minutes | Portions : 4

Ingrédients

2 cuillères à soupe de beurre

4 poitrines de poulet désossées et sans peau

Sel et poivre noir au goût

1 cuillère à café de cumin

½ tasse de marinade de poulet cajun

les directions

Préparez un bain-marie et placez-y le Sous Vide. Réglez à 141 F. Assaisonnez les poitrines de sel et de poivre et placez-les dans deux sacs scellables sous vide avec la sauce cajun. Libérez l'air par la méthode de déplacement d'eau, scellez et plongez les sacs dans le bain-marie. Cuire 1h30.

Une fois le chronomètre arrêté, retirez le poulet et séchez-le. Jeter les jus de cuisson. Faire chauffer le beurre dans une poêle à feu vif et cuire la poitrine 1 minute de chaque côté. Trancher les poitrines et servir.

Poitrines de poulet à la sriracha

Temps de préparation + cuisson : 1 heure 55 minutes | Portions : 4

Ingrédients

8 cuillères à soupe de beurre, coupé en cubes

1 livre de poitrines de poulet désossées et sans peau

Sel et poivre noir au goût

1 cuillère à café de muscade

1½ tasse de sauce sriracha

les directions

Préparez un bain-marie et placez-y le Sous Vide. Réglez sur 141 F.

Assaisonner les poitrines avec du sel, de la muscade et du poivre et. placer dans deux sacs scellables sous vide avec la sauce sriracha. Libérez l'air par la méthode de déplacement d'eau, scellez et plongez les sacs dans le bain-marie. Cuire 1h30.

Une fois le chronomètre arrêté, retirez le poulet et séchez-le avec un torchon. Jeter les jus de cuisson. Faire chauffer le beurre dans une poêle à feu vif et cuire les poitrines 1 minute de chaque côté. Couper les poitrines en petits morceaux.

Poulet au persil avec sauce au curry

Temps de préparation + cuisson : 2 heures 35 minutes | Portions : 4

Ingrédients

4 poitrines de poulet désossées et sans peau

Sel et poivre noir au goût

1 cuillère à soupe de thym

1 cuillère à soupe de persil

5 tasses de sauce au curry au beurre

les directions

Préparez un bain-marie et placez-y le Sous Vide. Réglez sur 141 F.

Assaisonner le poulet avec du sel, du thym, du persil et du poivre. Placer dans deux sacs scellables sous vide avec la sauce. Libérez l'air par la méthode de déplacement d'eau, scellez et plongez les sacs dans le bain-marie. Cuire 1h30.

Une fois le chronomètre arrêté, retirez le poulet et séchez-le avec un torchon. Réserver les jus de cuisson. Faites chauffer une casserole à feu vif et versez les jus. Cuire 10 minutes jusqu'à réduction. Couper le poulet en morceaux et les ajouter à la sauce. Cuire 2-3 minutes. Sers immédiatement.

blanc de poulet pané au parmesan

Temps de préparation + cuisson : 65 minutes | Portions : 4

Ingrédients:

2 poitrines de poulet, sans peau et sans os

1 ½ tasse de pesto de basilic

½ tasse de noix de macadamia, moulues

¼ tasse de parmesan, râpé

3 cuillères à soupe d'huile d'olive

Les directions:

Faites un bain-marie, placez-y le Sous Vide et réglez à 65 F. Coupez le poulet en morceaux de la taille d'une bouchée et enrobez-le de pesto. Placer le poulet à plat dans deux sacs sous vide séparés sans les superposer.

Libérez l'air par la méthode de déplacement d'eau et scellez les sacs. Plongez-les dans le bain-marie et réglez la minuterie sur 50 minutes. Une fois le chronomètre arrêté, retirez et ouvrez les sachets.

Transférer les morceaux de poulet dans une assiette sans les jus. Saupoudrer de noix de macadamia et de fromage dessus et bien enrober. Faites chauffer une poêle à feu vif, ajoutez l'huile d'olive.

Une fois l'huile chauffée, faire revenir rapidement le poulet enrobé pendant 1 minute tout autour. Égoutter la graisse. Servir comme plat d'entrée.

Poulet haché aux tomates

Temps de préparation + cuisson : 100 minutes | Portions : 4

Ingrédients:

1 livre de poulet haché

2 cuillères à soupe de concentré de tomate

tasse de bouillon de poulet

¼ tasse de jus de tomate

1 cuillère à soupe de sucre blanc

1 cc de thym

1 cuillère à soupe d'oignon en poudre

½ cuillère à café d'origan

Les directions:

Préparez un bain-marie et placez-y le Sous Vide. Réglez sur 147 F.

Mélanger tous les ingrédients sauf le poulet dans une casserole. Cuire à feu moyen pendant 2 minutes. Transférer dans un sac scellable sous vide. Libérez l'air par la méthode de déplacement d'eau, scellez et plongez le sac dans le bain. Cuire pendant 80 minutes. Une fois cela fait, retirez le sac et tranchez. Servir chaud.

Ragoût de poulet aux champignons

Temps de préparation + cuisson : 1 heure 5 minutes | Portions : 2

Ingrédients:

2 cuisses de poulet de taille moyenne, sans peau

½ tasse de tomates rôties au feu, coupées en dés

½ tasse de bouillon de poulet

1 cuillère à soupe de concentré de tomate

½ tasse de champignons de Paris, hachés

1 branche de céleri de taille moyenne

1 petite carotte, hachée

1 petit oignon, haché

1 cuillère à soupe de basilic frais, haché finement

1 gousse d'ail, écrasée

Sel et poivre noir au goût

Les directions:

Faites un bain-marie, placez-y le Sous Vide et réglez à 129 F. Frottez les cuisses avec du sel et du poivre. Mettre de côté. Couper la branche de céleri en morceaux d'un demi-pouce de long.

Maintenant, placez la viande dans un grand sac scellable sous vide avec l'oignon, la carotte, les champignons, la branche de céleri et les tomates rôties au feu. Immerger le sac scellé dans le bain-marie et régler la minuterie sur 45 minutes.

Une fois le chronomètre arrêté, retirez le sac du bain-marie et ouvrez-le. La viande devrait tomber facilement de l'os, alors retirez les os.

Faites chauffer un peu d'huile dans une casserole de taille moyenne et ajoutez l'ail. Faire revenir brièvement environ 3 minutes en remuant constamment. Ajouter le contenu du sac, le bouillon de poulet et la pâte de tomate. Portez à ébullition et réduisez le feu à moyen. Cuire encore 5 minutes en remuant de temps en temps. Servir parsemé de basilic.

Poitrine de poulet sans saisie la plus facile

Temps de préparation + cuisson : 75 minutes | Portions : 3

Ingrédients:

1 lb de poitrines de poulet, désossées

Sel et poivre noir au goût

1 cuillère à café d'ail en poudre

Les directions:

Faites un bain-marie, placez-y Sous Vide et réglez-le à 150 F. Séchez les poitrines de poulet et assaisonnez avec du sel, de la poudre d'ail et du poivre. Mettez le poulet dans un sac scellable sous vide, libérez l'air par la méthode de déplacement d'eau et scellez-le.

Placer dans l'eau et régler la minuterie pour cuire pendant 1 heure. Une fois le chronomètre arrêté, retirez et ouvrez le sac. Retirer le poulet et laisser refroidir pour une utilisation ultérieure.

Cuisses de poulet à l'orange

Temps de préparation + cuisson : 2 heures | Portions : 4

Ingrédients:

2 livres de cuisses de poulet

2 petits piments chili, finement hachés

1 tasse de bouillons de poulet

1 oignon, haché

½ tasse de jus d'orange fraîchement pressé

1 cuillère à café d'extrait d'orange, liquide

2 cuillères à soupe d'huile végétale

1 cuillère à café d'assaisonnement pour barbecue

Persil frais pour garnir

Les directions:

Faites un bain-marie, placez-y le Sous Vide et réglez-le à 167 F.

Faire chauffer l'huile d'olive dans une grande casserole. Ajouter les oignons hachés et faire sauter pendant 3 minutes, à température moyenne, jusqu'à ce qu'ils soient translucides.

Dans un robot culinaire, mélanger le jus d'orange avec le piment et l'extrait d'orange. Pulser jusqu'à ce que le tout soit bien mélangé.

Versez le mélange dans une casserole et réduisez le feu. Laisser mijoter 10 minutes.

Enrober le poulet du mélange d'assaisonnements pour barbecue et le placer dans une casserole. Ajouter le bouillon de poulet et cuire jusqu'à ce que la moitié du liquide s'évapore. Transférer dans un grand sac scellable sous vide et sceller. Plongez le sac dans le bain-marie et laissez cuire 45 minutes. Une fois le chronomètre arrêté, retirez le sac du bain-marie et ouvrez-le. Garnir de persil frais et servir.

Poulet au thym et au citron

Temps de préparation + cuisson : 2 heures 15 minutes | Portions : 3

Ingrédients:

3 cuisses de poulet

Sel et poivre noir au goût

3 tranches de citron

3 brins de thym

3 cuillères à soupe d'huile d'olive pour saisir

Les directions:

Faites un bain-marie, placez-y Sous Vide et réglez à 165 F. Assaisonnez le poulet avec du sel et du poivre. Garnir de tranches de citron et de brins de thym. Placez-les dans un sac scellable sous vide, libérez l'air par la méthode de déplacement d'eau et scellez le sac. Plongez dans la poche à eau et réglez la minuterie sur 2 heures.

Une fois le chronomètre arrêté, retirez et ouvrez le sac. Faire chauffer l'huile d'olive dans une poêle en fonte à feu vif. Placer les cuisses de poulet, peau vers le bas, dans la poêle et saisir jusqu'à ce qu'elles soient dorées. Garnir de quartiers de citron supplémentaires. Servir avec un côté de riz au chou.

Salade De Poulet Aux Poivres

Temps de préparation + cuisson : 1 heure 15 minutes | Portions : 4

Ingrédients:

4 poitrines de poulet, désossées et sans peau

¼ tasse d'huile végétale plus trois cuillères à soupe pour la salade

1 oignon de taille moyenne, pelé et haché finement

6 tomates cerises, coupées en deux

Sel et poivre noir au goût

1 tasse de laitue, hachée finement

2 cuillères à soupe de jus de citron fraîchement pressé

Les directions:

Faites un bain-marie, placez-y le Sous Vide et réglez-le à 149 F.

Rincez abondamment la viande sous l'eau froide et séchez-la à l'aide d'un essuie-tout. Coupez la viande en morceaux de la taille d'une bouchée et placez-la dans un sac scellable sous vide avec ¼ tasse d'huile et fermez. Immerger le sac dans le bain-marie. Une fois la minuterie arrêtée, retirez le poulet du sac, séchez-le et laissez-le refroidir à température ambiante.

Dans un grand bol, mélanger l'oignon, les tomates et la laitue. Enfin, ajoutez les poitrines de poulet et assaisonnez avec trois cuillères à soupe d'huile, du jus de citron et un peu de sel au goût. Garnir de yogourt grec et d'olives. Cependant, c'est facultatif. Servir froid.

Poulet entier

Temps de préparation + cuisson : 7 heures 15 minutes | Portions : 6

Ingrédients:

1 (5 lb) poulet entier, ficelé

5 tasses de bouillon de poulet

3 tasses de poivrons mélangés, coupés en dés

3 tasses de céleri, coupé en dés

3 tasses de poireaux, coupés en dés

1 cuillère à café de sel

1 ¼ cc de grains de poivre noir

2 feuilles de laurier

Les directions:

Faites un bain-marie, placez-y le Sous Vide et réglez-le à 150 F. Assaisonnez le poulet avec du sel.

Placez tous les ingrédients énumérés et le poulet dans un grand sac refermable sous vide. Libérez l'air par la méthode de déplacement d'eau et scellez le sac sous vide. Plongez dans un bain-marie et réglez la minuterie sur 7 heures.

Couvrir l'eau avec un sac en plastique pour réduire l'évaporation et arroser toutes les 2 heures jusqu'au bain. Une fois le chronomètre arrêté, retirez et ouvrez le sac. Préchauffer un gril, retirer délicatement le poulet et l'essuyer. Placer le poulet dans le gril et faire griller jusqu'à ce que la peau soit dorée. Laisser reposer le poulet pendant 8 minutes, trancher et servir.

Cuisses de poulet épicées simples

Temps de préparation + cuisson : 2 heures 55 minutes | Portions : 6

Ingrédients:

1 lb de cuisses de poulet, avec os

3 cuillères à soupe de beurre

1 cuillère à soupe de poivre de cayenne

Sel au goût

Les directions:

Faites un bain-marie, placez-y Sous Vide et réglez à 165 F. Assaisonnez le poulet avec du poivre et du sel. Placer le poulet avec une cuillère à soupe de beurre dans un sac refermable sous vide. Libérez l'air par la méthode de déplacement d'eau, scellez et plongez le sac dans le bain-marie. Réglez la minuterie sur 2 heures 30 minutes.

Une fois le chronomètre arrêté, retirez le sachet et ouvrez-le. Préchauffer un gril et faire fondre le reste du beurre au micro-ondes. Graisser la grille du gril avec un peu de beurre et badigeonner le poulet avec le reste de beurre. Saisir jusqu'à l'obtention d'une couleur brun foncé. Servir comme collation.

Ailes de poulet Buffalo

Temps de préparation + cuisson : 1 heure et 20 minutes | Portions : 6

Ingrédients:

3 lb d'ailes de poulet

3 cuillères à café de sel

2 cuillères à café d'ail moulu

2 cuillères à soupe de paprika fumé

1 cuillère à café de sucre

½ tasse de sauce piquante

5 cuillères à soupe de beurre

2 ½ tasses de farine d'amande

Huile d'olive pour la friture

Les directions:

Faites un bain-marie, placez-y le Sous Vide et réglez-le à 144 F.

Mélanger les ailes, l'ail, le sel, le sucre et le paprika fumé. Enrober le poulet uniformément. Placer dans un grand sac scellable sous vide, libérer l'air par la méthode de déplacement d'eau et sceller le sac.

Plonger dans l'eau. Réglez la minuterie pour cuire pendant 1 heure. Une fois le chronomètre arrêté, retirez et ouvrez le sac. Verser la farine dans un grand bol, ajouter le poulet et mélanger pour enrober.

Faire chauffer l'huile dans une poêle à feu moyen, faire revenir le poulet jusqu'à ce qu'il soit doré. Retirer et mettre de côté. Dans une autre casserole, faire fondre le beurre et ajouter la sauce piquante. Enrober les ailes de beurre et de sauce piquante. Servir en apéritif

Galettes de poulet effilochées

Temps de préparation + cuisson : 3 heures 15 minutes | Portions : 5

Ingrédients:

½ lb de poitrine de poulet, sans peau et sans os

½ tasse de noix de macadamia, moulues

⅓ tasse de mayonnaise à l'huile d'olive

3 oignons verts, hachés finement

2 cuillères à soupe de jus de citron

Sel et poivre noir au goût

3 cuillères à soupe d'huile d'olive

Les directions:

Faites un bain-marie, placez-y le Sous Vide et réglez-le à 165 F. Mettez le poulet dans un sac scellable sous vide, libérez l'air par la méthode de déplacement d'eau et scellez-le. Mettez le sac dans le bain-marie et réglez la minuterie sur 3 heures. Une fois le chronomètre arrêté, retirez et ouvrez le sac.

Déchiqueter le poulet et l'ajouter dans un bol avec tous les ingrédients restants sauf l'huile d'olive. Mélanger uniformément et faire des galettes. Faire chauffer l'huile d'olive dans une poêle à feu moyen. Ajouter les galettes et les faire frire jusqu'à ce qu'elles soient dorées des deux côtés.

Cuisses de poulet avec purée de carottes

Temps de préparation + cuisson : 60 minutes | Portions : 5

Ingrédients:

2 livres de cuisses de poulet

1 tasse de carottes, tranchées finement

2 cuillères à soupe d'huile d'olive

¼ tasse d'oignon finement haché

2 tasses de bouillon de poulet

2 cuillères à soupe de persil frais, haché finement

2 gousses d'ail écrasées

Sel et poivre noir au goût

Les directions:

Faites un bain-marie, placez-y le Sous Vide et réglez à 167 F. Lavez les cuisses de poulet sous l'eau froide courante et séchez-les avec un papier absorbant. Mettre de côté.

Dans un bol, mélanger 1 cuillère à soupe d'huile d'olive, le persil, le sel et le poivre. Bien mélanger et badigeonner généreusement les cuisses avec le mélange. Placer dans un grand sac hermétique et ajouter le bouillon de poulet. Appuyez sur le sac pour éliminer l'air. Fermez le sac et mettez-le au bain-marie et réglez la minuterie sur

45 minutes. Une fois le chronomètre arrêté, retirez les cuisses du sac et séchez-les. Réserver le jus de cuisson.

Pendant ce temps, préparez les carottes. Transférer dans un mélangeur et réduire en purée. Mettre de côté.

Faites chauffer le reste d'huile d'olive dans une grande poêle à feu moyen. Ajouter l'ail et l'oignon et faire sauter pendant environ 1-2 minutes, ou jusqu'à ce qu'ils soient tendres. Ajouter les cuisses de poulet et cuire 2-3 minutes en retournant de temps en temps. Goûtez à la cuisson, rectifiez l'assaisonnement puis ajoutez le bouillon. Portez à ébullition et retirez du feu. Transférer les cuisses dans une assiette de service et garnir de purée de carottes et saupoudrer de persil.

Poulet au citron à la menthe

Temps de préparation + cuisson : 2 heures 40 minutes | Portions :
3

Ingrédients:

1 livre de cuisses de poulet, désossées et sans peau

¼ tasse d'huile

1 cuillère à soupe de jus de citron fraîchement pressé

2 gousses d'ail, écrasées

1 cuillère à café de gingembre

½ cuillère à café de poivre de cayenne

1 cuillère à café de menthe fraîche, hachée finement

½ cuillère à café de sel

Les directions:

Dans un petit bol, mélanger l'huile d'olive avec le jus de citron, l'ail,
le gingembre moulu, la menthe, le poivre de Cayenne et le sel.
Badigeonner généreusement chaque cuisse de ce mélange et
réfrigérer au moins 30 minutes.

Sortez les cuisses du réfrigérateur. Placer dans un grand sac
scellable sous vide et cuire pendant 2 heures à 149 F. Retirer du sac

scellable sous vide et servir immédiatement avec des oignons nouveaux.

Poulet à la marmelade de cerises

Temps de préparation + cuisson : 4 heures 25 minutes | Portions :
4

Ingrédients

2 livres de poulet avec os et peau

4 cuillères à soupe de marmelade de cerises

2 cuillères à soupe de muscade moulue

Sel et poivre noir au goût

les directions

Préparez un bain-marie et placez-y le Sous Vide. Réglez à 172 F.
Assaisonnez le poulet avec du sel et du poivre et mélangez avec le
reste des ingrédients. Placer dans un sac refermable sous vide.
Libérez l'air par la méthode de déplacement d'eau, scellez et
plongez le sac dans le bain-marie. Cuire 4 heures.

Une fois la minuterie arrêtée, retirez le sac et placez-le dans un plat
allant au four. Chauffer le four à 450 F. et rôtir pendant 10 minutes
jusqu'à ce qu'il soit croustillant. Transférer dans une assiette et
servir.

Pilons de poulet épicés sucrés

Temps de préparation + cuisson : 2 heures 20 minutes | Portions : 3

Ingrédients:

½ cuillère à soupe de sucre

½ tasse de sauce soja

2 ½ cuillères à café de gingembre, haché

2 ½ cuillères à café d'ail, haché

2 ½ cuillères à café de purée de piment rouge

¼ lb de petits pilons de poulet, sans peau

2 cuillères à soupe d'huile d'olive

2 cuillères à soupe de graines de sésame pour décorer

1 échalote hachée pour garnir

Sel et poivre noir au goût

Les directions:

Faites un bain-marie, placez-y le Sous Vide et réglez-le à 165 F. Frottez le poulet avec du sel et du poivre. Mettez le poulet dans un sac scellable sous vide, libérez l'air par la méthode de déplacement d'eau et scellez-le.

Mettez le sac dans le bain-marie et réglez la minuterie sur 2 heures. Une fois le chronomètre arrêté, retirez et ouvrez le sac. Dans un bol, mélanger le reste des ingrédients énumérés à l'exception de l'huile d'olive. Mettre de côté. Faire chauffer l'huile dans une poêle à feu moyen, ajouter le poulet.

Une fois qu'ils sont légèrement dorés des deux côtés, ajoutez la sauce et enrobez le poulet. Cuire 10 minutes. Garnir de sésame et d'échalotes. Servir avec un côté de riz au chou-fleur.

Poitrines de poulet farcies

Temps de préparation + cuisson : 1 heure 15 minutes | Portions : 5

Ingrédients:

2 livres de poitrines de poulet, sans peau et sans os

2 cuillères à soupe de persil frais, haché finement

2 cuillères à soupe de basilic frais, haché finement

1 œuf large

½ tasse d'oignons de printemps, hachés

Sel et poivre noir au goût

2 cuillères à soupe d'huile d'olive

Les directions:

Faites un bain-marie, placez-y le Sous Vide et réglez-le à 165 F. Lavez soigneusement les poitrines de poulet et séchez-les avec un essuie-tout. Frottez un peu de sel et de poivre et mettez de côté.

Dans un bol, mélanger l'œuf, le persil, le basilic et les oignons nouveaux. Remuer jusqu'à ce qu'il soit bien incorporé. Placer les poitrines de poulet sur une surface propre et verser le mélange d'œufs au milieu. Replier les poitrines pour sceller. Placer les poitrines dans des sacs séparés scellables sous vide et appuyer pour éliminer l'air. Fermez le couvercle et placez-le dans le bain-marie préparé. Cuire en sous vide pendant 1 heure. Une fois le chronomètre arrêté, retirez les poitrines de poulet. Chauffer l'huile dans une poêle à feu moyen. Ajouter les poitrines de poulet et faire revenir 2 minutes de chaque côté.

Poulet piquant

Temps de préparation + cuisson : 2 heures 40 minutes | Portions :
8

Ingrédients:

1 poulet de cinq livres, entier

3 cuillères à soupe de jus de citron

½ tasse d'huile d'olive

6 feuilles de laurier séchées

2 cuillères à soupe de romarin, écrasé

3 cuillères à soupe de thym séché

2 cuillères à soupe d'huile de noix de coco

¼ tasse de zeste de citron

3 gousses d'ail, hachées

Sel et poivre noir au goût

Les directions:

Faites un bain-marie, placez-y le Sous Vide et réglez à 149 F. Rincez
bien le poulet sous l'eau froide courante et séchez-le avec un
torchon. Mettre de côté.

Dans un petit bol, mélanger l'huile d'olive avec le sel, le jus de citron, les feuilles de laurier séchées, le romarin et le thym. Farcir la cavité du poulet avec les tranches de citron et ce mélange.

Dans un autre bol, mélanger l'huile de noix de coco avec le zeste de citron et l'ail. Détachez la peau du poulet de la chair. Frottez ce mélange sous la peau et placez-le dans un grand sac en plastique. Réfrigérer pendant 30 minutes. Sortir du réfrigérateur et placer dans un grand sac hermétique sous vide. Mettez le sac dans le bain-marie et réglez la minuterie sur 2 heures.

Cuisses de poulet à la méditerranéenne

Temps de préparation + cuisson : 1 heure 40 minutes | Portions : 3

Ingrédients:

1 livre de cuisses de poulet

1 tasse d'huile d'olive

½ tasse de jus de citron vert fraîchement pressé

½ tasse de feuilles de persil, hachées finement

3 gousses d'ail, écrasées

1 cuillère à soupe de poivre de cayenne

1 cuillère à café d'origan séché

1 cuillère à café de sel de mer

Les directions:

Rincez la viande sous l'eau froide du robinet et égouttez-la dans une grande passoire. Dans un bol, mélanger l'huile d'olive avec le jus de lime, le persil haché, l'ail écrasé, le poivre de Cayenne, l'origan et le sel. Plonger les filets dans ce mélange et couvrir. Réfrigérer pendant 30 minutes.

Sortez la viande du réfrigérateur et égouttez-la. Placer dans un grand récipient hermétique et cuire en Sous Vide pendant une heure à 167 F.

Poitrines de poulet à la sauce harissa

Temps de préparation + cuisson : 65 minutes | Portions : 4

Ingrédients

1 livre de poitrines de poulet, coupées en cubes

1 tige de citronnelle fraîche, hachée

2 cuillères à soupe de sauce de poisson

2 cuillères à soupe de sucre de coco

Sel au goût

1 cuillère à soupe de sauce harissa

les directions

Préparez un bain-marie et placez-y le Sous Vide. Réglez à 149 F. Dans un mélangeur, mélangez la citronnelle, la sauce de poisson, le sucre et le sel. Faire mariner le poulet avec la sauce et faire des brochettes. Placez-le dans un sac scellable sous vide. Libérez l'air par la méthode de déplacement d'eau, scellez et plongez le sac dans le bain-marie. Cuire 45 minutes.

Une fois le chronomètre arrêté, retirez le sac et transférez-le dans un bain d'eau froide. Retirer le poulet et fouetter avec la sauce harissa. Chauffer une poêle à feu moyen et saisir le poulet. Servir.

Poulet à l'ail et aux champignons

Temps de préparation + cuisson : 2 heures 15 minutes | Portions : 6

Ingrédients:

2 livres de cuisses de poulet, sans peau

1 livre de champignons cremini, tranchés

1 tasse de bouillon de poulet

1 gousse d'ail, écrasée

4 cuillères à soupe d'huile d'olive

½ cuillère à café d'oignon en poudre

½ cuillère à café de feuilles de sauge, séchées

cc de poivre de cayenne

Sel et poivre noir au goût

Les directions:

Lavez soigneusement les cuisses sous l'eau froide courante. Séchez avec un essuie-tout et réservez. Dans une grande poêle, faire chauffer l'huile d'olive à feu moyen. Faire revenir les deux côtés des cuisses de poulet pendant 2 minutes. Retirer de la poêle et réserver.

Maintenant, ajoutez l'ail et faites revenir jusqu'à ce qu'il soit légèrement doré. Incorporer les champignons, verser le bouillon et cuire jusqu'à ébullition. Retirer de la poêle et réserver. Assaisonner les cuisses avec du sel, du poivre, du poivre de Cayenne et de la poudre d'oignon. Placer dans un grand sac refermable sous vide avec les champignons et la sauge. Fermez le sac et faites cuire en Sous Vide pendant 2 heures à 149 F.

Cuisses de poulet aux herbes

Temps de préparation + cuisson : 4 heures 10 minutes | Portions :
4

Ingrédients:

1 livre de cuisses de poulet

1 tasse d'huile d'olive extra vierge

¼ tasse de vinaigre de cidre de pomme

3 gousses d'ail, écrasées

½ tasse de jus de citron fraîchement pressé

1 cuillère à soupe de basilic frais, haché

2 cuillères à soupe de thym frais, haché

1 cuillère à soupe de romarin frais, haché

1 cuillère à café de poivre de cayenne

1 cuillère à café de sel

Les directions:

Rincez la viande sous l'eau froide et placez-la dans une grande
passoire pour l'égoutter. Mettre de côté.

Dans un grand bol, mélanger l'huile d'olive avec le vinaigre de cidre de pomme, l'ail, le jus de citron, le basilic, le thym, le romarin, le sel et le poivre de Cayenne. Plonger les cuisses dans ce mélange et réfrigérer pendant une heure. Retirer la viande de la marinade et égoutter. Placer dans un grand sac scellable sous vide et cuire en Sous Vide pendant 3 heures à 149 F.

Pudding de poulet aux coeurs d'artichauts

Temps de préparation + cuisson : 1 heure et 30 minutes | Portions : 3

Ingrédients:

1 livre de poitrine de poulet, désossée et sans peau

2 artichauts de taille moyenne

2 cuillères à soupe de beurre

2 cuillères à soupe d'huile d'olive extra vierge

1 citron, pressé

Une poignée de feuilles de persil frais, finement hachées

Sel et poivre noir au goût

½ cuillère à café de piment

Les directions:

Rincez abondamment la viande et séchez-la avec un essuie-tout. À l'aide d'un couteau d'office bien aiguisé, coupez la viande en petits morceaux et retirez les os. Frotter avec de l'huile d'olive et réserver.

Chauffer la sauteuse à feu moyen. Baisser légèrement le feu à moyen et ajouter la viande. Cuire 3 minutes jusqu'à ce qu'ils soient dorés des deux côtés. Retirer du feu et transférer dans un grand sac scellable sous vide. Fermez le sac et faites cuire en Sous Vide pendant une heure à 149 F.

Pendant ce temps, préparez l'artichaut. Couper le citron en deux et presser le jus dans un petit bol. Diviser le jus en deux et réserver. À l'aide d'un couteau d'office bien aiguisé, coupez les feuilles extérieures jusqu'à ce que vous atteigniez les feuilles jaunes et molles. Coupez la peau extérieure verte autour de la base de l'artichaut et faites cuire à la vapeur. Assurez-vous d'enlever les "poils" autour du cœur d'artichaut. Ils ne sont pas comestibles, alors jetez-les simplement.

Couper l'artichaut en morceaux d'un demi-pouce. Frotter avec la moitié du jus de citron et placer dans une casserole à fond épais. Ajouter suffisamment d'eau pour couvrir et cuire jusqu'à ce qu'il soit complètement tendre à la fourchette. Retirer du feu et égoutter. Réfrigérer quelques instants à température ambiante. Couper chaque morceau en fines lanières.

Mélangez maintenant l'artichaut avec la viande de poulet dans un grand bol. Incorporer le sel, le poivre et le jus de citron restant. Faire fondre le beurre à feu moyen et en verser un filet sur le pudding. Saupoudrer de piment et servir.

Salade de courge musquée et de poulet aux amandes

Temps de préparation + cuisson : 1 heure 15 minutes | Portions : 2

Ingrédients

6 filets de poulet

4 tasses de courge musquée, coupée en cubes et rôtie

4 tasses de roquettes

4 cuillères à soupe d'amandes effilées

Jus de 1 citron

2 cuillères à soupe d'huile d'olive

4 cuillères à soupe d'oignon rouge, haché

1 cuillère à soupe de paprika

1 cuillère à soupe de curcuma

1 cuillère à soupe de cumin

Sel au goût

les directions

Préparez un bain-marie et placez-y le Sous Vide. Réglez sur 138 F.

Placer le poulet et toutes les épices dans un sac refermable sous vide. Bien agiter. Libérez l'air par la méthode de déplacement d'eau, scellez et plongez le sac dans le bain-marie. Cuire pendant 60 minutes.

Une fois la minuterie arrêtée, retirez le sac et transférez-le dans une poêle chauffée. Saisir 1 minute de chaque côté. Dans un bol, mélanger le reste des ingrédients. Servir avec du poulet sur le dessus.